Índice

Rourke Educational Media
A Division of Carson Dellosa Education
rourkeeducationalmedia.com

¿Puedes encontrar estas palabras?

huesos

pelo

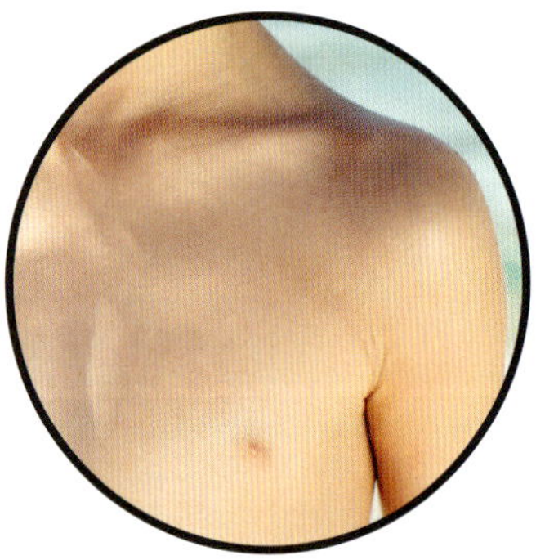

piel

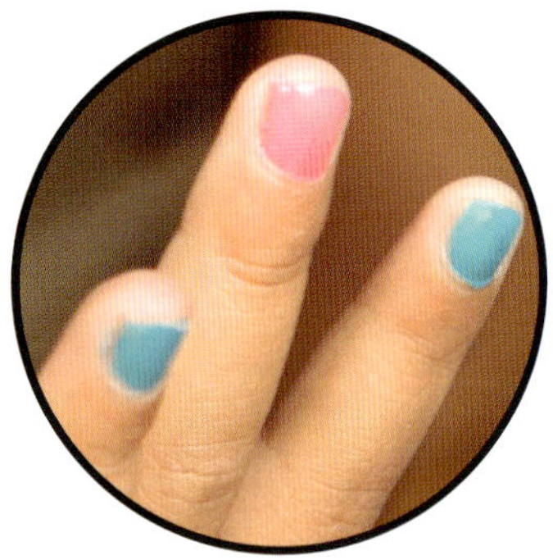

uñas

Tu cuerpo en crecimiento

Tu cuerpo está creciendo.

Algunas partes crecen rápido.

Algunas partes crecen lento.

La **piel** crece rápido. ¡Todos los días te crece piel nueva!

Los **huesos** crecen despacio.
Tu hueso del muslo es el más largo.

El **pelo** crece rápido. El pelo puede crecer casi en cualquier parte de tu cuerpo.

Las uñas de los pies crecen despacio. Son más gruesas que las **uñas de las manos.**

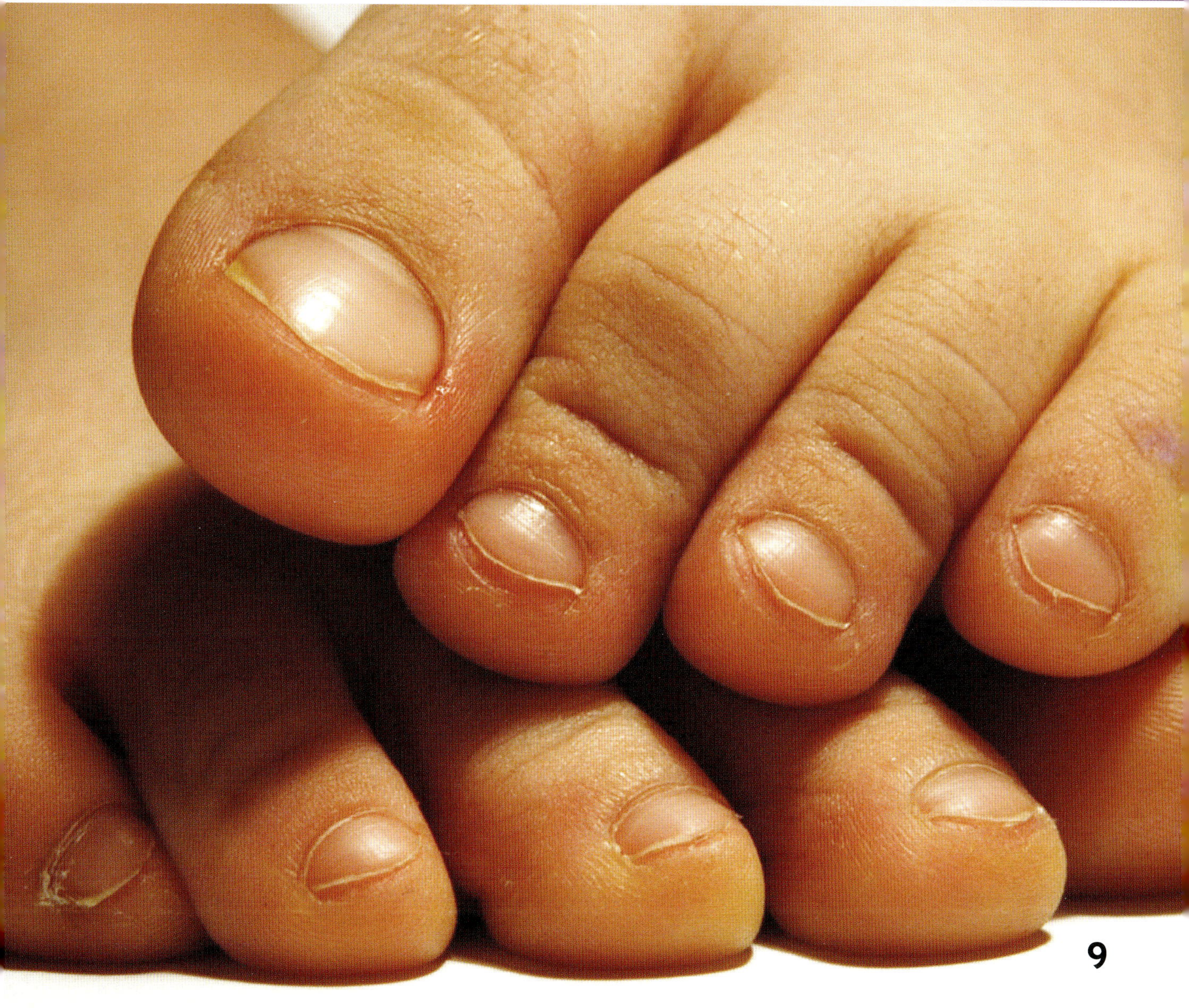

Las uñas de las manos crecen rápido. Crecen aproximadamente tres veces más rápido que las de los pies.

La nariz y las orejas crecen despacio. Hay tres huesos diminutos en tu oído.

¿Qué crece rápido y despacio?

¡Tú!

¿Encontraste estas palabras?

Los **huesos** crecen despacio.

El **pelo** crece rápido.

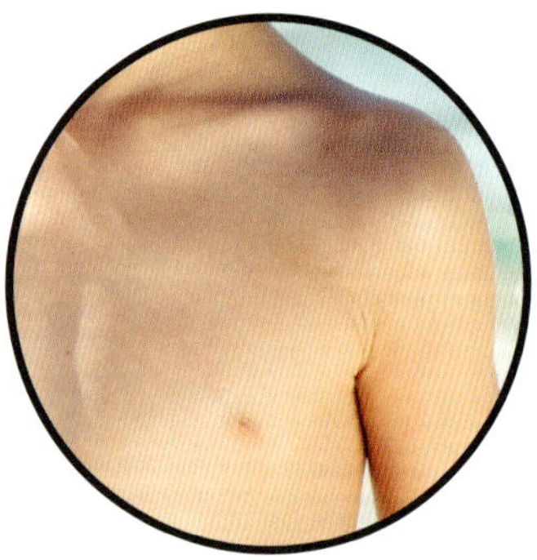

La **piel** crece rápido.

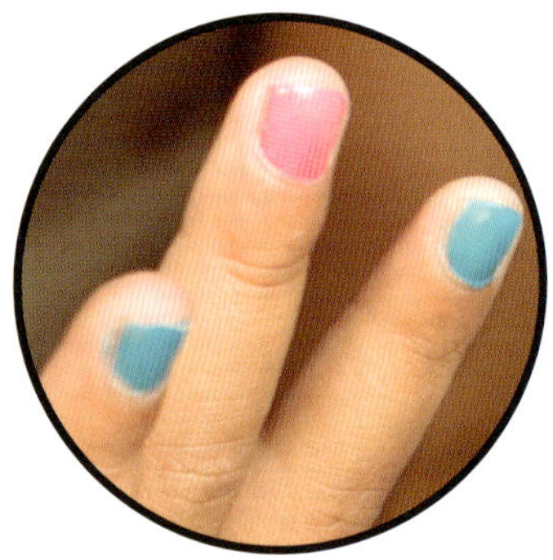

Las uñas de los pies crecen despacio. Son más gruesas que las **uñas de las manos.**

Glosario fotográfico

huesos: tejidos duros y blanquecinos que forman el esqueleto de una persona o animal.

pelo: masa de mechones finos y suaves que crecen en la cabeza y el cuerpo de una persona.

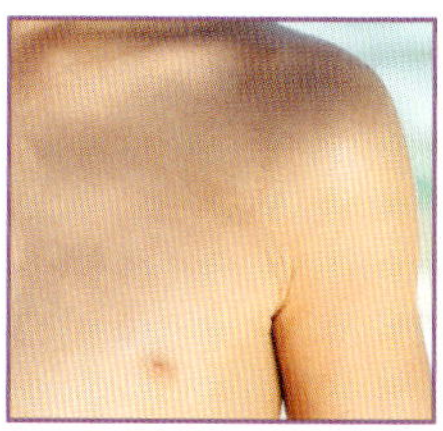

piel: capa delgada de tejido que forma la parte exterior de los cuerpos humanos y animales.

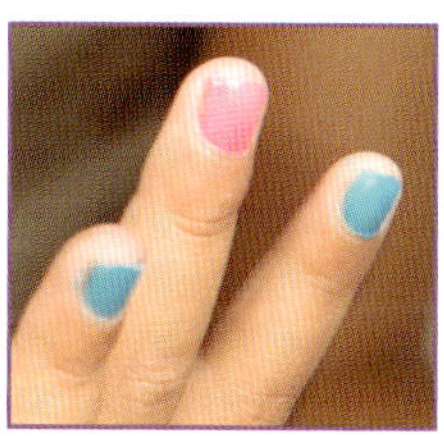

uñas: capa dura que se encuentra en la punta de cada dedo.

Índice analítico

Sobre la autora

Lori Mortensen vive en el norte de California con su familia y su gato Max. Cuando no está tecleando en su computadora, está dando un paseo largo, o haciendo deliciosas rebanadas de pan tan rápido como puede.

www.rourkeeducationalmedia.com

PHOTO CREDITS: Cover: ©BrianAJackson; p.2,7,14,15: ©evegenyatamanenko; p.2,10,14,15: ©digitalskillet; p.2,8,14,15: ©Image Source; p.2,6,14,15: ©Claudio Valdes; p.3: ©FatCamera; p.4-5: ©By Zurijeta; p.9: ©Tatar; p.11: ©sdominck; p.12-13: ©Wavebreakmedia

Edición: Keli Sipperley
Diseño de la tapa e interior: Rhea Magaro-Wallace
Traducción: Santiago Ochoa
Edición en español: Base Tres

Library of Congress PCN Data
Tu cuerpo en crecimiento / Lori Mortensen
(Aprendamos)
ISBN (hard cover - spanish)(alk. paper)978-1-73160-503-0
ISBN (soft cover - spanish) 978-1-73160-516-0
ISBN (e-Book - spanish) 978-1-73160-509-2
ISBN (e-Pub - spanish) 978-1-73160-709-6
ISBN (hard cover - english)(alk. paper) 978-1-64156-162-4
ISBN (soft cover - english) 978-1-64156-218-8
ISBN (e-Book - english) 978-1-64156-272-0
Library of Congress Control Number: 2018967482

Printed in the United States of America, North Mankato, Minnesota